A Messieurs les Sénateurs et Messieurs les Députés.

DE LA PERCEPTION

DU

DROIT DE MUTATION

PAR DÉCÈS

SUR L'ACTIF NET DES SUCCESSIONS

Moyen pratique et sûr

*d'appliquer cette mesure sans augmentation dans les tarifs,
sans diminution dans le produit général des droits
portant sur les mutations.*

PAR M. ROCHARD

Ancien employé supérieur de l'Administration de l'Enregistrement et des Domaines.

PARIS

IMPRIMERIE DE VICTOR GOUPY

74, RUE DE RENNES, 71.

—

1876

DE LA PERCEPTION

DU

DROIT DE MUTATION

PAR DÉCÈS

SUR L'ACTIF NET DES SUCCESSIONS

Moyen pratique et sûr

*d'appliquer cette mesure sans augmentation dans les tarifs,
sans diminution dans le produit général des droits
portant sur les mutations.*

PAR M. ROCHARD

Ancien employé supérieur de l'Administration de l'Enregistrement et des Domaines.

PARIS

IMPRIMERIE DE VICTOR GOUPY

74, RUE DE RENNES, 74.

1876

A Messieurs les Sénateurs, Messieurs les Députés.

MESSIEURS,

Percevoir le droit de mutation par décès sur l'actif net des successions, est une réforme équitable. Cependant elle a toujours été repoussée sous prétexte :

1° D'une grande diminution dans les recettes du Trésor public;

2° D'une nouvelle et large porte ouverte à la fraude.

Le Rapporteur de l'une des commissions chargées d'examiner cette question a répondu à ces deux objections :

« ..... *Sans doute, on peut toujours abuser d'un principe juste,*
« *mais du moins, dans ce cas, l'iniquité ne viendra pas de la loi.*
« *D'ailleurs, l'administration a des moyens nombreux de com-*
« *battre la mauvaise foi.* »

Ce sont là des paroles d'autant plus justes, que la diminution des recettes résultant de cette mesure peut être comblée *sans augmentation aucune dans le tarif des droits de mutations;* que la fraude tant redoutée peut être prévenue *dans le plus grand nombre des cas,* et sérieusement réprimée alors qu'elle n'aura pu être prévenue.

C'est ce que nous allons démontrer, en prenant pour point de départ de notre travail le Rapport fait sur cette question par M. le directeur général de l'administration de l'enregistrement et des domaines, lors de l'enquête agricole de 1870. — Notre travail, rapidement rédigé, traite de questions que nous avons longtemps étudiées; nous vous demandons toute votre indulgence pour sa forme, toute votre bienveillante attention pour le fond.

$$I$$

Objections faites à l'adoption de cette réforme.

Voici comment s'est exprimé M. le Directeur général de l'Administration de l'enregistrement et des domaines lors de l'*Enquête agricole*, le 22 février 1870.

« ... *Le principe de la déduction des dettes n'a pas été posé par* « *la loi da 22 frimaire an VII.* »

Avant d'entrer en matière, faisons remarquer tout de suite qu'il eût été plus exact de dire que cette loi n'a pas *conservé* le principe de la déduction des dettes. Ce principe, en effet, se retrouve dans deux édits royaux réglant cette matière avant 1789 ; à cette époque les rentes foncières non rachetables qui grevaient les immeubles, étaient déduites pour la perception du centième denier. (*Droits de mutation par décès.*)

Ce que l'on demande aujourd'hui n'est donc pas chose nouvelle, mais un juste retour à un juste passé (1).

« ..... *Je passerai rapidement sur la première objection : la* « *perte qu'éprouverait le Trésor. Vous avez vu que les calculs sur* « *lesquels elle est établie, ainsi que j'ai eu soin de l'indiquer,* « *dans l'Etat qui est sous vos yeux, ne sont que des évaluations.* « *On les a combattues, mais sans produire aucune espèce d'argu-* « *ment décisif; on a mis une opinion vis-à-vis d'une autre opi-* « *nion, mais on n'a pas produit de chiffres qui puissent démon-* « *trer que mon évaluation est inexacte (2).* »

Personne ne peut nier que l'adoption *pure et simple* de la réforme sollicitée diminuerait les recettes du Trésor; mais dire le chiffre exact de cette diminution est impossible, il n'est pas un

----

(1) Si la loi du 22 frim. an VII, si souvent méconnue, même dans ses principes, n'a pas conservé la déduction des dettes au moins, dans son tarif, ne faisait-elle porter sur les valeurs mobilières qu'un droit de beaucoup inférieur à celui imposé sur les valeurs immobilières. Aujourd'hui toutes les valeurs paient le même droit de mutation par décès.

(2) M. le Directeur général porte à 20,000,000 la perte qu'entraînerait pour le Trésor l'adoption de cette mesure, nous sommes très-porté à l'évaluer à 25,000,000 ou 30,000,000.

seul document administratif pouvant rien donner de positif ; il ne peut être émis à cet égard que des probabilités plus ou moins justifiées par des faits généraux plus ou moins concluants.

Chaque année, il s'ouvre des successions très-modestes, sans passif ; il s'en ouvre aussi de très-brillantes, mais grevées d'un passif plus ou moins fort. Comment fixer le nombre des unes et des autres ? Comment fixer leur actif et leur passif, même comme moyenne ? — En présence de cet inconnu, on s'explique très-bien qu'aux chiffres présentés par l'orateur, ses contradicteurs n'aient opposé aucun chiffre nouveau ; d'autant plus que ni le fait d'une diminution certaine, ni l'importance de son chiffre ne constituent, en rien, une *fin de non-recevoir*. Ce n'est là simplement qu'une observation dont il est juste de tenir compte, si l'intention du législateur, en adoptant la réforme demandée, est de ne pas diminuer les recettes du Trésor public.

Cette première objection n'a donc jamais pu être une cause de rejet pour une réforme si bien justifiée.

> « ... *On a dit : Il paraît difficile d'admettre que la distinction* « *des dettes fictives et des dettes réelles ne puisse se faire en France,* « *alors qu'elle se fait dans les pays voisins, dont la législation ci-* « *vile repose sur les mêmes principes que la nôtre.* »

En parlant ainsi, le rapporteur, aux paroles duquel M. le directeur général fait allusion, a été incontestablement l'écho d'un très-grand nombre de ses concitoyens, comme le prouve depuis si longtemps la réforme demandée par beaucoup de contribuables.

Ici, M. le directeur général continue, en faisant un savant exposé de la législation belge en matière de successions et de droits de mutations par décès ; mais, comme il rappelle diverses particularités plus ou moins étrangères à la question que nous examinons, quoiqu'elles soient toutes d'un grand intérêt, nous ne le suivrons pas dans sa brillante excursion. Cependant, parmi les diverses dispositions par lui rappelées, il en est une qu'il a fortement critiquée, et même énergiquement blâmée ; nous vous demandons la permission de vous la signaler, et cela pour plus d'un motif.

Il a dit : « *On évalue les immeubles en valeur vénale* (ce « n'est pas là sur quoi porte sa critique, au contraire !) *et l'on* « *en déduit les hypothèques qui les grèvent ; de plus, on fait dé-*

« *clarer les créances hypothécaires qui restent soumises à l'impôt;*
« *d'où il résulte que le droit sur les successions en ligne directe*
« *est assis purement et simplement sur les immeubles et sur les*
« *créances hypothéoaires ; quant aux autres valeurs mobilières,*
« *elles en sont exemptes.* »

« *Est-ce juste cela? Pourrions-nous impatroniser en France un*
« *pareil système?* »

Là n'est pas la question soumise à votre examen ; mais, puis-qu'on l'a soulevée, nous croyons qu'il y a intérêt à ne pas la laisser sans réponse.

Nous dirons donc d'abord : Puisque cette exemption d'impôt est commune à *toutes les successions directes*, elle est certaine-ment aussi juste que la disposition de la loi française qui soumet ces successions seulement au droit de 1 p. cent, tandis que les autres sont soumises à des droits s'élevant de 3 à 9 p. cent en principal.

Puis, loin de voir là une injustice, n'est-il pas juste d'y voir au contraire une disposition protégeant, mieux que la loi fran-çaise, la famille dans son groupe principal; groupe qui, dans l'intérêt même de la société dont il est la base fondamentale, ne saurait jamais être trop protégé.

Nous dirons, de plus, que cette exemption existait en France avant 1789 pour les bourgeois comme pour les gentilshommes, pour les gens du commun des villes et des campagnes (suivant le style du temps). Pour tous (suivant le style du jour).

Il nous est donc permis de penser qu'en l'impatronisant en France, nous ne ferions qu'un juste retour à un juste passé!

Critiquant ensuite avec non moins d'esprit, mais avec plus de vérité, l'usage que l'administration belge fait de certaines me-sures législatives dont elle est armée pour assurer le recouvre-ment de l'impôt, l'orateur s'exprime ainsi :

« *... Comme conséquence du principe de la déduction des dettes*
« *on a donné à l'administration belge des droits pour réprimer la*
« *fraude; ses pouvoirs étaient tellement exorbitants de 1817 à*
« *1850, qu'elle avait le droit de déférer le serment qu'on ne lui*
« *avait rien dissimulé, rien détourné.* »

« Si c'est là un droit exorbitant, que penser de celui que nous donne la loi française, en vertu duquel nous exigeons que l'héritier affirme, par sa signature, que sa déclaration est sincère et véritable? Est-ce donc que cette affirmation et cette signature ne lient pas la conscience du contribuable?

Si elles paraissent sans portée, pourquoi les exiger? Pourquoi n'y pas substituer une garantie plus efficace?

Qui veut la fin doit vouloir les moyens, et il n'est rien de plus déplorable qu'une loi qui n'assure pas le recouvrement de l'impôt qu'elle édicte. Déplorable par son impuissance au point de vue du but auquel elle se propose d'atteindre, plus déplorable encore au point de vue moral.

Si l'on croit le serment en justice sans effet, on doit considérer à plus forte raison, comme ne donnant aucune garantie sérieuse, l'affirmation signée que l'on exige en France; alors soyons conséquents, supprimons-la, et, à sa place, sachons mettre autre chose. — Cependant nous maintenons l'affirmation signée pour *toutes* les déclarations de successions, tandis que le serment, qui paraît révoltant, n'était déféré, en Belgique, *alors seulement que la fraude était présumée* (1).

« ... Elle (l'administration belge) *joue encore aujourd'hui le « rôle d'un véritable tiers intervenant. C'est le Fisc, en quelque « sorte, assis dans la chambre mortuaire. »*

... Le Fisc! (*Fiscus*) était, chez les Romains, le nom donné au Trésor privé de l'empereur, et non au Trésor public que l'on nommait *Ærarium*. Le fisc n'existe pas plus en Belgique qu'en France; dans ces deux pays, on ne connaît que le Trésor public, cette bourse commune créée pour subvenir aux dépenses d'intérêt général. — Ses ressources, par cette seule et capitale raison, doivent être assurées dans leur réalisation par une législation d'un effet certain, le plus certain possible. Cette législation peut gêner le contribuable oubliant que l'impôt est l'une des premières nécessités sociales, que payer l'impôt est l'un des premiers devoirs de tout homme vivant en société, mais non ceux

---

(1) Ce droit, *si exorbitant*, dont a joui l'Administration belge, de 1817 à 1850, se trouve reproduit dans l'art. 13 de la loi du 25 août 1871 ainsi conçu : « La dissimulation (dans les ventes, échanges, partages) peut être établie par tous les genres de preuves admises par le droit commun. Toutefois, l'Administration ne peut déférer le serment décisoire et elle ne peut user de la preuve testimoniale que pendant dix ans, à partir de l'enregistrement de l'acte.

qui tiennent à remplir leurs devoirs; absolument comme les gendarmes gênent les voleurs, mais protégent les honnêtes gens.

Du reste, si une législation efficace est nécessaire, son application, comme cela arrive parfois, paraît-il..... en Belgique, peut être sévère sans tomber dans des détails vexatoires.

« ... Et ne croyez pas que l'administration ne fait pas usage « des moyens qui lui sont accordés, au contraire... »

Mais c'est son devoir d'en user, à la charge, bien entendu, d'en user sagement, dignement, comme doivent le faire toujours les administrations qui se respectent et veulent être respectées. Rien ne nuit tant au respect de la loi de la part des peuples, que son inexécution de la part du pouvoir.

« ... Je pourrais faire passer sous vos yeux des monuments de « la jurisprudence belge, dans lesquels elle fait procéder à des « interrogatoires sur faits et articles. Ainsi, dans une certaine « succession où il s'agissait d'un interdit vivant à la campagne, « l'administration a été autorisée par justice à constater les dé- « penses du défunt; elle a, en conséquence, scrupuleusement « compté les gâteaux qu'il mangeait, etc., pour arriver à démon- « trer que les héritiers devaient avoir fait des économies sur le « revenu du défunt. »

Dans la pensée de M. le directeur général, il est évident que tout cela peut être plaisant, mais non sérieux.

Il nous paraît juste cependant de distinguer, dans cette citation, deux choses : 1° la disposition légale qui permet de constater la fraude par enquête, après *autorisation en justice ;* 2° la manière dont on a fait usage de cette *autorisation.*

A ce dernier point de vue, le fait cité prouve qu'il y a en Belgique, comme en beaucoup d'autres pays, des chercheurs de *petites bêtes* dont les yeux ne voient pas les monstruosités qui les aveuglent; que l'excès de zèle est un défaut en administration. Il faut du zèle, pas trop n'en faut! Et pourtant, dans quelle administration, dans quel pays ne rencontre-t-on pas ce défaut !

Mais ce fait ne prouve rien contre le droit à l'enquête après autorisation en justice, car cette autorisation préalable est une garantie pour le contribuable. Il est difficile, là encore, de ne pas trouver les usages belges tendant à réprimer la fraude, supé-

rieurs aux règlements français qui, en cette matière, permettent
à l'administration ce que l'on nomme : les *Soumissions*. Véritable
système du *bon plaisir administratif,* tantôt sévère, tantôt très-
large, suivant le degré de zèle dont les agents sont animés ; système de *bon plaisir*, faisant payer aux contribuables, plus ou
moins tôt, plus ou moins tard, des pénalités et des droits plus
ou moins réduits, *au lieu des pénalités et des droits légalement
exigibles* ; système de *bon plaisir* qui a de plus le tort grave
d'être une violation flagrante de la loi ; — l'article 59 de la loi du
22 frimaire, an VII, portant : « *Il est fait défense aux autorités
publiques, à la régie, à ses agents, d'accorder remise ou modération des droits établis, des pénalités encourues, d'en suspendre le
recouvrement, sous peine d'en être personnellement responsables.* »

Après avoir fait cette spirituelle critique, M. le directeur général arrive à faire l'aveu que voici ;

« ... *L'administration, en France, n'a aucune espèce de droit*
« *en ce qui concerne le mobilier ; en un mot, la loi d'impôt s'ad-*
« *ministre chez nous, je puis le dire d'autant mieux que le fisc*
« *n'est pas habitué à de pareils compliments,* D'UNE MANIÈRE BÉ-
« NÉVOLE. »

Il est clair que, dans la pensée de l'orateur, c'est là une chose
digne d'éloges. — Mais qu'est-ce donc qu'une loi d'impôt qui
s'exécute d'une MANIÈRE BÉNÉVOLE? Le système des *soumissions*
dont nous venons de dire deux mots, mais sur lequel nous re-
viendrons bientôt, le dit assez, c'est : l'ARBITRAIRE !

Il est difficile de faire en même temps une critique plus amère
de notre loi d'impôt et de son exécution.

« ... *Il y a ensuite un principe qui domine toute notre législa-*
« *tion fiscale, c'est que la loi fiscale doit le respect à la loi civile.*»

On a voulu dire : *toute notre jurisprudence administrative
contemporaine,* car la base du droit *fiscal* en matière d'enregistrement et de droits de successions, c'est la loi du 22 frimaire,
an VII, qui ne s'incline pas le moins du monde devant sa cadette
la loi civile, par la puissante raison qu'elle est son aînée ; et sa
cadette, pleine de respect pour elle, s'est bien gardée de rap-
porter une seule de ses dispositions.

Le code civil n'a pas plus modifié la loi du 22 frimaire, an VII, en ce qui concerne la perception des droits de l'enregistrement, que le code de procédure ne l'a modifiée en ce qui concerne la marche des instances qui s'engagent chaque jour pour assurer le recouvrement de ces droits.

Mais continuons.

« Je réponds, quant à moi, qu'en ma qualité de citoyen, je n'ad-
« mettrai jamais que la loi civile supporte les brèches qu'on serait
« obligé de lui faire, uniquement pour protéger l'impôt. »

Il est difficile de porter plus loin le respect dû à notre loi civile! Mais, en parlant ainsi, M. le directeur général n'a certainement pas consulté ses collègues des contributions directes et des contributions indirectes qui sont, l'un et l'autre, armés d'un assez bel arsenal de priviléges spéciaux.

Il a aussi oublié qu'il est lui-même obligé, tous les jours, de faire d'énormes brèches à la loi civile, uniquement pour protéger l'impôt. Faut-il en donner des preuves? Nous n'avons que l'embarras du choix.

Mais, pour ne pas entrer dans des détails inutiles, donnons- en seulement deux :

1° Il est obligé de voir des ventes et d'en percevoir les droits, alors qu'il s'agit de soumettre à la formalité de l'enregistrement des actes dans lesquels il ne figure aucun acquéreur. La loi civile ne connaît pas encore de vente sans le concours d'un acquéreur (1).

2° Il est obligé de voir des donations et d'en faire percevoir les droits, même en l'absence de tout donateur. La loi civile ne connaît pas encore de donation sans le concours d'un donateur (2).

Il serait sans utilité de continuer ces citations.

Terminons, en disant que cette théorie de vouloir faire courber la tête des lois d'impôts devant le code civil n'est fondée, ni en fait, ni en droit.

En fait, nous venons de le démontrer.

En droit, si la loi civile ne protége pas d'une manière efficace les intérêts non du fisc, comme dit M. le directeur général, mais

---

(1) Quittance de prix de vente, s'il n'est pas justifié d'un acte de vente, enregistré.

(2) Simple énonciation d'un don manuel, dans un acte fait en dehors du donateur.

du Trésor public, elle manque le but auquel elle doit atteindre, le but qui lui est propre, qui est sa raison d'être, à savoir : protéger la SOCIÉTÉ en même temps que l'INDIVIDU.

Tant que les principes généraux posés par la loi du 22 frimaire, an VII, seront le code-base de ces perceptions, si l'on veut de l'ordre, de la logique dans ce service, il ne faut pas s'écarter des principes posés par cette loi. — Si vous les condamnez, rapportez-les par une nouvelle loi, mais, jusque-là, il est d'une bonne administration de ne les pas méconnaître.

« ... Nous pensons donc que si le principe de la déduction des « dettes est juste, et CE PRINCIPE EST JUSTE, *je le reconnais, il est « au moins d'une application excessivement difficile. Et ce sont « justement ces difficultés d'application qui l'ont fait ajourner, et « finalement rejeter par le conseil d'Etat, en 1864. »*

Il faut effectivement de bien grandes difficultés d'application pour faire rejeter une réforme que l'on reconnaît juste ; il faut effectivement des difficultés bien grandes pour que, dix ans après, elles n'aient pas encore été surmontées.

Cependant cette réforme que l'on reconnaît juste, cette réforme tendant à faire disparaître une iniquité de nos lois, cette réforme aux difficultés depuis si longtemps à l'étude et toujours insurmontables pour nous, cette réforme a pour but une mesure depuis longtemps adoptée chez nos voisins.

Quel fâcheux aveu d'impuissance ! d'autant plus fâcheux, d'autant plus étrange en même temps, qu'il est fait par une administration comptant à la tête de son personnel des hommes très-distingués.

« ... J'ai à peu près terminé mes observations ; je n'ai plus « qu'à répondre aux considérations qu'on a fait valoir lorsque, « au nom de la morale, on a dit qu'en présence de cette non-dé- « duction des dettes, qu'on regarde comme une iniquité, l'héritier « ne se faisait pas scrupule de dissimuler et de commettre des « fraudes au préjudice du Trésor. — La réponse est bien simple.

« — Aujourd'hui, nous avons déjà une porte ouverte à la « fraude : c'est la déclaration de l'actif par l'héritier ; avec la dé- « duction des dettes, nous en aurons deux, savoir : la déclara- « tion de la partie atténuant l'actif, la déclaration de la partie « exagérant le passif. Je ne pense donc pas que la morale ait « quelque chose à gagner au système de la déduction du passif. »

Mais, si cette réforme est juste, en l'adoptant, vous ferez nécessairement acte de justice, un acte de haute moralité publique, « ... *au moins, alors, l'iniquité ne viendra plus de la loi,* » ainsi que l'a dit avec un grand sentiment de droiture M. le rapporteur dont nous avons déjà cité les paroles.

S'il est une vérité prouvée par l'expérience, c'est celle-ci : l'équité dans les lois d'impôts fait plus pour assurer le recouvrement des droits qu'elles édictent, que ne font les fortes pénalités qu'elles prononcent. — Aussi sommes-nous convaincu que l'adoption de cette très-juste réforme vaudra mieux, par elle-même, pour le respect de la loi, pour les intérêts du Trésor, que toutes les pénalités dont vous l'entourerez, si vous l'appuyez sur des mesures préventives de nature à en assurer l'exécution.

En résumé deux objections ont été faites :

1° La diminution de 20,000,000 qu'une telle mesure apporterait dans les produits des droits d'enregistrement ;

2° La difficulté extrême d'exécution.

La première est incontestable, aussi est-on d'accord sur la nécessité de combler ce déficit.

Dans ce but, les uns ont proposé de donner à l'impôt portant sur toutes les mutations immobilières, la base unique de la valeur vénale de l'immeuble transmis, sauf à augmenter les tarifs ; — Les autres, ont proposé de prendre pour base unique le revenu locatif des immeubles transmis, sauf à multiplier ce revenu, pour former le capital imposable, non plus par 20, mais par 25, et même par 30.

Nous proposons de repousser ces deux systèmes :

1° Comme entraînant une augmentation de tarifs déjà très-élevés, vérité qui n'a pas besoin d'être démontrée.

2° Comme très-défectueux, ce que nous allons essayer de démontrer.

Après nous passerons à l'examen des difficultés d'application.

II

De la valeur vénale, comme base unique de l'impôt sur les mutations immobilières.

Pour démontrer clairement combien est peu fondée la proposition d'adopter la valeur vénale comme base unique de l'impôt perçu sur les mutations immobilières, il nous suffira simplement de prouver combien elle laisse à désirer dans l'application qui en est faite, chaque jour, pour les mutations de l'espèce résultant de ventes à prix d'argent.

Le sujet est aride, mais il est grave.

Nous éviterons d'entrer dans tous les détails de manutention et de perception qui condamnent cette base, mais nous pensons devoir en exposer les principes généraux, sous peine de n'être pas suffisamment compris.

Les mutations immobilières, s'opèrent :

A titre onéreux ;

À titre gratuit ;

Par décès.

Celles qui s'opèrent à titre onéreux sont de deux sortes :

Les ventes à prix d'argent ;

Les échanges d'immeubles contre immeubles.

Pour toutes ces mutations, excepté pour les ventes à prix d'argent, le droit d'enregistrement, ou de mutation par décès, est dû sur le capital de l'immeuble transmis, formé par son revenu multiplié par 20 (1) ; au moment de la formalité, il est provisoirement perçu sur le revenu porté dans l'acte, ou dans la déclaration de la succession.

Pour les ventes à prix d'argent, le droit est dû sur la valeur vénale de l'immeuble vendu ; il est provisoirement perçu sur le prix porté dans l'acte (2).

Sauf à l'Administration, dans tous les cas, d'user de la voie de

---

(1) Aujourd'hui 25 pour les immeubles ruraux. Loi du 25 août 1871.

(2) D'après la loi du 25 août 1871, il arrive ce fait étrange, que la base définitive de cet impôt est double :

1° La valeur vénale, si elle est supérieure au prix.

2° Le prix, (— non le prix porté dans l'acte, mais celui véritablement payé) s'il est supérieur à la valeur vénale.

l'expertise pour contrôler le prix, ou le revenu, indiqué par les contribuables, s'il lui paraît inférieur à son vrai chiffre.

En matière de vente à prix d'argent, si l'insuffisance n'excède pas 1/8° de ce prix il n'y a pas de pénalité. Pour les autres mutations, l'insuffisance, quel qu'en soit le chiffre, est frappée d'un double droit (1).

Disons tout de suite, comme l'a fait connaître M. le directeur général, que pour toutes ces mutations la fraude est très-fréquente, et, de plus, très-forte, même de la part de certains contribuables qui se révolteraient si on les croyait capables de faire le moindre tort à leurs voisins.

Nous nous abstiendrons d'en rechercher la cause, pour le moment du moins, nous bornant ici à en constater l'existence, la fréquence et l'importance.

A de très-rares exceptions près, le prix porté dans un acte de vente est inférieur au prix réel, et, chose qui à première vue paraît étrange, mais qui n'est que la conséquence ordinaire des exemples venus d'en haut, généralement la fraude est en raison inverse de l'élévation du prix de la vente ; — elle atteint jusqu'aux 2/3 du prix dans les ventes de 1,500 et au-dessous. Ce sont les plus nombreuses, il ne faut pas le perdre de vue.

Voici comment s'explique à ce sujet le rapporteur de la loi du 25 août 1871 :

« Les fraudes sont malheureusement dans nos mœurs, elles sont pratiquées par des personnes très-honorables » (Lisez : occupant des positions très-honorables.) «.... Il faut faire cesser ce scandale.... »

Mais, dira-t-on, puisque l'Administration a le droit de provoquer l'expertise des biens transmis, qu'elle en use énergiquement, surtout pour les transmissions par vente à prix d'argent, puisque c'est là que la fraude se montre plus fréquente et plus forte ; tel est son droit, tel est son devoir.

Sans aucun doute, tel est son droit, tel est aussi son devoir. Mais le droit et le devoir d'une ville assiégée par une armée formidable est aussi de se défendre ; pour elle, comment user de ce droit, comment remplir ce devoir si elle n'est pourvue que d'une garnison relativement peu nombreuse, et si elle est très-mal armée.

---

(1) Cette tolérance légale, en matière de vente à prix d'argent, est, à elle seule, une preuve du peu de certitude de la *valeur vénale.*

Hé bien ! pour continuer notre comparaison qui peut paraître étrange, mais qui est certainement juste, chaque jour le Trésor public est battu en brèche par une armée formidable de fraudeurs dont l'audace ne recule devant rien, connaissant la faiblesse de la position de l'ennemi qu'elle combat.

De son côté, le Trésor public oppose à ces envahisseurs des administrateurs intelligents, laborieux, zélés, mais nécessairement en petit nombre, comparativement à celui des ennemis à combattre, et qui de plus sont très-mal armés, ainsi que nous allons le démontrer.

L'Administration, connaissant parfaitement ces habitudes de fraudes, est toujours sur le *qui-vive*, dans tous ses degrès hiérarchiques ; receveurs, vérificateurs, contrôleurs, sous-inspecteurs et inspecteurs, activés par les directeurs, et surtout par le directeur général, déploient la plus grande activité à cet égard. Mais quelles sont leurs armes, alors qu'il s'agit de contrôler la valeur vénale d'un immeuble ?

Elles sont uniquement de deux sortes :

Les points de comparaison ;

Les experts éclairés et indépendants.

Les points de comparaison : Logiquement, la première chose à faire pour contrôler un prix de vente qui paraît insuffisant, c'est incontestablement de comparer les immeubles de même nature et de même situation, vendus à la même époque, et d'en rapprocher le prix. Mais où les prendre ces points de comparaison, la majorité des actes de vente étant entachée de fraude ! C'est là une grande difficulté, et ce n'est pas la seule, ainsi que nous allons le voir. Ici, nous constatons seulement que, pour trouver la vérité, l'Administration ne dispose que d'une collection de mensonges plus ou moins gros, mais à coup sûr, très-nombreux. — Les experts éclairés et indépendants : On trouve des hommes réunissant les connaissances et l'indépendance voulues pour faire un bon expert ; surtout l'indépendance, alors qu'il s'agit de défendre les intérêts du *Fisc* (*comme dit M. le directeur général lui-même et comme le public ne se prive pas de le répéter*), contre des intérêts amis, souvent très-influents dans le pays.

Néanmoins, admettons qu'après un long et consciencieux

travail, on parvienne à trouver, par exception, des ventes à peu près vraies dans leurs prix ; admettons que l'on soit assez heureux pour mettre la main sur un expert éclairé et indépendant, disposé à soutenir les prétentions de l'Administration ?

Ces ventes, dont le prix vous paraît à peu près vrai, dont les immeubles vous paraissent de même nature et de même situation, ont-elles bien pour objet des terres de même qualité, comme classe ; de même prospérité, comme bonne culture ; de même exploitation, comme facilité d'accès, etc., etc. ? N'aurez-vous pas là une nouvelle énigme à deviner ? Admettons que vous la deviniez, après avoir formé un volumineux dossier, fruit d'un long et difficile travail de la part du receveur, c'est-à-dire du premier échelon administratif. — Vous n'aurez fait en cela que le premier pas d'un long voyage.

Poursuivons.

Le receveur convaincu fait son rapport au directeur sous les ordres duquel il est placé.

Ici, nouvel examen dont le résultat met souvent à néant le travail si long, si minutieux du receveur, sans qu'il soit démontré pour cela que l'insuffisance relevée n'existe pas. Mais certains points de comparaison laissent plus ou moins de doute, non sur l'existence de la fraude, seulement sur la possibilité de la démontrer d'une manière incontestable ; ce doute, chez le directeur, suffit pour justifier son rejet, car perdre une expertise c'est chose grave ! Et le directeur, homme sage, dans le doute s'abstient.

Admettons encore que le travail du receveur soit adopté par le directeur. Alors ce dernier fait un rapport à l'Administration centrale, et, croyez-le bien, ce rapport sera longuement motivé, appuyé de nombreuses justifications.

A l'Administration centrale, il est fait un nouvel examen de l'affaire. Nouveau rapport, nouvelle solution. L'opinion du receveur, devenue celle du directeur, sera-t-elle acceptée par M. le directeur-général ? Peut-être..... mais cela n'est pas certain.

Enfin, elle est acceptée !

Avis en est donné au directeur.

Alors ce dernier prépare une requête en expertise pour le tribunal civil dans le ressort duquel est situé l'immeuble à expertiser.

Signification en est faite à la partie.

2

Les experts sont nommés.

Le juge reçoit leur serment.

Les significations voulues par la loi sont faites.

On arrive sur le terrain, et l'expertise commence !

Très-souvent, l'expert de l'Administration et celui du contribuable ne s'entendent pas. Il faut alors demander au juge de paix la nomination d'un tiers-expert. C'est une chose très-délicate que le choix de cet agent! car de lui dépend (1) désormais le succès ou la perte de l'expertise.

Le tiers-expert est choisi et prête serment.

On retourne sur le terrain.

Si le tiers-expert se prononce contre l'Administration, tout le travail que nous venons de mettre sommairement sous vos yeux ne représente plus que du temps perdu, et des frais de justice à payer par le Trésor.

Admettons enfin que le rapport du tiers-expert soit de nature à ce que l'Administration en demande l'homologation.

Vous pensez certainement que les conclusions de l'Administration sont adoptées : vous n'en faites pas l'ombre d'un doute sachant comment elles ont été élaborées, examinées, contrôlées avant d'être posées. Hé bien, non! souvent, très-souvent, elles sont réduites.

Mais pourquoi, direz-vous?

Pourquoi?

Il y a deux causes qui amènent ce résultat.

La première, c'est, comme nous l'avons déjà dit, qu'en matière d'impôt, l'intérêt privé passe avant l'intérêt du Trésor public. Nous nous abstenons d'entrer dans des détails à cet égard ; mais nous pourrions citer et prouver de la manière la plus incontestable des faits inouïs dus à des influences locales.

La deuxième, il faut bien le dire, c'est que, malgré ses soins aussi minutieux que consciencieux, l'Administration aura été mise dans l'erreur par telle ou telle particularité non parvenue à sa connaissance, et qui était de nature à vicier ses appréciations tantôt sur la valeur vénale des immeubles pris comme points de

---

(1) Pour les mutations dont le prix ou l'estimation n'excède pas 2000 fr. depuis la loi du 25 août 1871, il n'est plus nommé qu'un seul expert désigné par le président du tribunal civil, en cas de désaccord entre le contribuable poursuivi et l'Administration (art. 15).

comparaison, tantôt sur la valeur vénale de l'immeuble exper-tisé.

Parfois ces deux causes peuvent se rencontrer dans la même affaire.

Tout cet immense travail, tout ce long temps employé, ce combat à outrance livré à la fraude, à quoi cela sert-il ? A arriver le plus souvent, disons-même généralement, *à un à peu près*, si l'on a été assez heureux pour éviter une défaite. Aussi l'administration n'a pas confiance dans les expertises, surtout pour *déterminer la valeur vénale*. Il faut qu'elle soit en présence *d'une insuffisance monstre,* qu'elle ait cent fois raison, pour autoriser une telle instance.

Que deviennent les intérêts du Trésor, entre l'audace de la fraude et l'impuissance administrative ? Afin de ne les pas sacrifier entièrement, et, en même temps, de ne pas avoir recours à l'expertise, l'Administration est entrée dans la voie des transactions, dites *Soumissions.*

Cette voie, louable souvent pour régler des intérêts privés dépendant de la libre volonté des intéressés, n'a plus sa raison d'être quand il s'agit de la perception d'un impôt *déterminé par la loi, dans son chiffre comme dans son mode de payement.* Aussi, il n'est pas possible de se le dissimuler, c'est là, au point de vue matériel et au point de vue moral, une voie plus mauvaise encore que celle de l'expertise déjà si mauvaise. Sur le terrain des soumissions, qu'arrive-t-il en effet ?

Que le fraudeur déterminé refuse de transiger et défie l'expertise; l'Administration recule, ce dont le fraudeur se vante.

Que le fraudeur seulement adroit, se tire d'affaire en payant une légère amende; ce dont ils se vante, tout comme le premier.

Que le fraudeur timide, ayant fraudé parce que, autour de lui, chacun fraude soit impunément, soit sans grand dommage, est exposé à payer plus qu'il ne doit légalement au Trésor; car il est effrayé et s'exécute à première demande, quand un examen contradictoire aurait pu démontrer que sa fraude était moins forte qu'elle ne paraissait l'être d'abord (1).

---

(1) Nous ne voulons ici parler que pour *mémoire* des excès de zèle de la part de quelques employés, oublieux de leurs devoirs et des vrais intérêts du Trésor, qui ne reculent pas devant l'*intimidation* pour arracher des soumissions aux contribuables effrayés d'un procès ! C'est l'exception,

Tout cela arrive chaque jour !

Il vous est facile, Messieurs, par cette simple exposition, de oir combien la valeur vénale d'un immeuble est chose difficile à constater ; combien enfin l'expertise, en cette matière, est une garantie insuffisante ; combien la voie des transactions, dites *Soumissions*, est plus déplorable encore.

Et telle est exactement la situation des choses, telles en son*t* les conséquences matérielles et morales.

Voilà la vraie portée de la valeur vénale des immeubles, comme base de l'impôt de mutation pour les ventes à prix d'argent.

Veuillez remarquer, en outre, que nous nous sommes placé dans notre exposé des faits, sur le terrain le plus favorable à l'Administration ; mais, ne vous le dissimulez pas, dans les 6/10 de la France le notariat est aux mains d'un personnel dont nous sommes loin d'attaquer la probité, mais qui est très-peu à la hauteur de sa mission au point de vue du savoir, souvent même au point de vue du savoir le plus élémentaire. Alors, dans les contrats de ventes, vous ne trouvez ni origine de propriété (1), ni contenance, ni lieu dit, heureux quand vous trouvez un état civil régulier des parties contractantes (2).

Et les ventes faites sous seings-privés, plus incomplètes, plus irrégulières encore !

Avec des documents de ce genre, trouvez donc des points de comparaison ; déterminez donc avec sûreté la valeur vénale d'un immeuble ?

C'est simplement impossible.

Oui ! impossible, car pour les immeubles comme pour tout ce qui se vend, sans aucune exception, la valeur vénale n'est, et ne peut être, que le résultat du rapport entre l'offre et la

---

dira-t-on. Très-heureusement que c'est l'exception, mais c'est déjà trop que la chose existe, d'autant plus que les directeurs et les employés supérieurs sont très-rarement mis à même de réprimer ces excès de zèle.

(1) L'origine de propriété en usage dans un grand nombre d'actes est celle-ci : *provenant de ses auteurs.*

(2) Le même individu, *dans la même étude,* est souvent désigné sous des prénoms différents, l'orthographe de son nom patronimique varie souvent aussi.

Les conservateurs des hypothèques en savent quelque chose. Il serait pourtant bien facile d'éviter ces irrégularités dont les conséquences sont toujours préjudiciables. Dans ce but, les notaires devraient être forcés, sous peine d'amende, d'exiger la production de l'acte de naissance de chacune des parties contractantes. Rien de plus simple, mais.....

demande. C'est là un principe élémentaire en économie poli-
iique.

Comme pour le blé et les bestiaux, établirez-vous un marché
dans chaque département? Ce ne serait pas assez ; il en faudrait
un dans chaque commune, car rien de plus variable que la valeur
vénale des immeubles.

Ne voyons-nous pas, chaque jour, des terres de très-bonne
qualité vendues pour un prix moins élevé que telles et telles
terres de qualité inférieure? Cela uniquement parce que, dans
la commune de la situation des premières, il ne se présente qu'un
seul acquéreur, et que, dans les communes où les autres sont
situées, il se présente plusieurs acquéreurs se faisant concurrence.
Telle maison dont la construction aura coûté cent mille francs,
ne se vendra pas au-dessus de cinquante mille; et telle autre
maison dont la construction n'aura coûté aussi que cent mille
francs sera vendue cent cinquante mille francs ; cela uniquement
parce que la première sera située dans une petite ville où les
fortunes sont médiocres, et que la deuxième, au contraire, aura
été élevée dans un centre riche. Enfin nous avons des propriétés
rurales dont le revenu locatif représente l'intérêt à 5 0/0 de leur
valeur vénale, qui sont moins recherchées que telles autres propriétés de même nature dont le revenu locatif ne représente pas
plus que le 3 0/0 de leur valeur vénale.

Pourquoi?

Toujours la même raison : Le rapport entre l'offre et la demande pouvant varier, sans cause de nature à être prévue.

Combien d'autres exemples nous pourrions rappeler, démon-
trant partout l'incertitude la plus grande en ce qui concerne
la valeur vénale des immeubles.

Encore une fois, où trouverez-vous jamais cette valeur vénale
— Elle vous fait défaut dans les contrats, que vous reconnaissez
entachés tous de fraude plus ou moins grande; elle vous fait défaut dans les expertises, dont vous vous méfiez avec juste raison ; elle vous fait défaut dans les *Soumissions*, ce qui n'a pas
besoin d'être démontré.

Encore une fois, où trouverez-vous donc cette grande *inconnue !*

Voilà pourtant la base unique toujours demandée parmi les
mieux écoutés.

On lit dans le rapport de M. le Ministre des finances sur le
budget 1875-1876. —« La liquidation des droits (de mutation par
«décès), *devrait* rigoureusement *avoir pour base la valeur vénale.*

« Mais nous ne demandons pas qu'on aille jusque-là ; nous pro-
« posons de la fixer d'après le revenu multiplié par 25 pour les
« propriétés immobilières non bâties, et multiplié par 20 pour les
« propriétés bâties. »

La liquidation devrait rigoureusement avoir pour base la valeur vénale ! aujourd'hui M. le Ministre ne va pas jusqu'à demander cette base, mais il en affirme le principe ; — Demain, n'est-il pas à penser que son successeur demandera l'application de ce principe ! Espérons cependant qu'il n'en sera pas ainsi.

<hr>

III.

Du revenu locatif comme base unique de l'impôt sur les mutations immobilières.

Nous avons déjà dit que le droit de mutation était basé sur le revenu locatif des immeubles transmis par échange, par acte de libéralité, ou par décès.

Là aussi l'Administration est armée de l'expertise, et elle en use plus largement que pour déterminer la valeur vénale. La raison en est simple, et en même temps concluante pour la thèse que nous soutenons : c'est qu'en matière de revenu locatif, le contrôle est beaucoup plus facile qu'en matière de valeur vénale, à raison des baux enregistrés.

Cette base serait même parfaite, si tous les immeubles étaient loués par bail à prix d'argent ; mais il ne peut en être ainsi :

1° Pour les propriétés louées à moitié fruit ou à colonage ;

2° Pour les propriétés habitées ou exploitées par leurs propriétaires.

Or en France l'industrie agricole occupe la moitié de la population, les propriétaires-cultivateurs sont nombreux et augmentent chaque jour. C'est là un fait très-heureux pour le pays et qu'il faut encourager le plus possible.

Ce fait contribue à rendre l'expertise sans portée aux mains de l'Administration, et déjà très-souvent en pareil cas le Trésor est désarmé, mais dans l'intérêt de la richesse publique il faut espérer que le nombre de nos propriétaires-cultivateurs ira toujours grandissant. L'expertise nous fera donc de plus en plus défaut, dès aujourd'hui il est nécessaire d'y penser, l'avenir ne pouvant et ne devant qu'en aggraver l'insuffisance.

CONCLUSIONS.

Telles sont aujourd'hui les deux bases sur lesquelles repose la perception des droits sur les mutations immobilières, et, chaque année, la fraude en cette matière fait perdre à l'État plus de 30,000,000, ainsi que le constate le Rapport fait sur la loi du 25 août 1871 par l'honorable M. Mathieu-Bodet.

Depuis lors, malgré les peines excessives édictées par cette loi, la fraude n'a pas diminué; aussi l'Administration, dans une circulaire récente (1), fait-elle pour la réprimer un nouvel appel au zèle des employés.

A notre point de vue il y a mieux à faire, car nous avons à notre disposition un moyen très-pratique de détruire la fraude *jusque dans sa raison d'être,* en matière de mutations immobilières à titre onéreux, comme à titre gratuit, entre vifs, comme par décès.

Adopter ce moyen pratique serait donc arriver sûrement à combler et au delà le déficit qu'éprouverait le rendement de cet impôt, par la déduction du passif des successions pour la perception du droit de mutation par décès, sans qu'il soit nécessaire pour cela d'augmenter les tarifs.

Sans doute, ce moyen très-pratique n'est pas parfait, mais il est, *très-certainement,* de beaucoup supérieur à la valeur vénale, ou au revenu locatif, comme base de l'impôt de mutation.

Le moyen que nous préconisons ici, comme très-supérieur. aux bases aujourd'hui adoptées, c'est le *Revenu matriciel, même*

---

(1) Circulaire du 23 juin 1876. « ..... L'administration attache un intérêt
« spécial à ce que les insuffisances de prix ou d'évaluation d'immeubles
« soient l'objet d'une surveillance constante de la part des employés de
« tout grade. Le zèle et l'intelligence dont ils font preuve dans la re-
« cherche et la découverte de la fraude sont pris en grande considération
« pour l'appréciation des titres à l'avancement. »

tel qu'il existe aujourd'hui. A plus forte raison tel que vous le donnera bientôt la révision du cadastre.

Ne vous récriez pas, Messieurs, en nous opposant l'infériorité du revenu matriciel sur le revenu locatif, son peu de vérité eu égard à la nature et à la classe des immeubles cadastrés ; ce sont là des objections que nous avons prévues et nous espérons vous démontrer qu'elles ne peuvent être une fin de non-recevoir pour notre proposition, dont l'adoption amènerait incontestablement et immédiatement ces deux grandes conséquences :

1° Au point de vue matériel, le recouvrement complet des droits dus au Trésor pour les mutations immobilières ; ce qui n'est pas aujourd'hui à beaucoup près (1).

2° Au point de vue moral, la suppression complète de la fraude en cette matière, *même dans sa raison d'être.*—Alors vous auriez la vérité dans les contrats, au lieu du mensonge qui y tient une si large part. Vous obtiendriez aussi, par cette mesure, beaucoup d'autres avantages moins grands, mais touchant tous à l'intérêt général, ainsi que nous le signalerons bientôt.

Nous allons exposer le plus brièvement possible comment tous ces heureux résultats peuvent être certainement obtenus, si vous vous décidez à adopter nos propositions.

---

(1) 30,000,000 de perte annuelle! (Rapport sur la loi du 25 août 1871.

IV.

Moyen de combler, et au delà, sans augmenter les Tarifs, le déficit prévu en cas de déduction des dettes pour le payement de l'impôt sur les mutations par décès.

Ne semble-t-il pas aussi simple que logique de donner la même base à tous les impôts frappant la propriété foncière?

Telle serait la conséquence de la proposition que nous allons exposer, le plus brièvement possible.

De tous ces impôts, le plus important comme produit, le plus général comme application, c'est l'impôt foncier. Il a pour base le revenu des immeubles. Puis vient après l'impôt sur les transmissions immobilières qui [porte également sur le revenu des immeubles transmis, à la seule exception près de celles qui s'opèrent par des ventes à prix d'argent.

Seulement l'impôt foncier est assis sur le *revenu matriciel*; l'impôt de transmission est assis sur le *revenu locatif*. Le premier immuable depuis trop longtemps, le deuxième souvent inconnu pour l'administration de l'enregistrement.

Sans aucun doute le revenu matriciel est au-dessous du revenu locatif, mais qu'importe à notre proposition puisque, pour chaque commune, nous connaissons l'écart qui existe entre ces deux revenus, et que la base première du système que nous préconisons repose : 1° sur le rapport moyen qui existe entre l'impôt foncier en principal (basé sur le revenu matriciel) et le revenu locatif net, pour :

Les Terres,

Les Propriétés bâties.

2° Sur un Tarif des droits de mutations immobilières formé d'après ce rapport moyen, et gradué suivant le rendement au profit du Trésor public auquel on voudra arriver.

La seule mesure que nous désirerions voir prendre, avant l'adoption de notre proposition, consisterait à ramener à un chiffre uniforme, pour toute la France, la proportion qui doit exister entre le revenu locatif des immeubles bâtis et non-bâtis, et l'impôt foncier en principal ; pour que cet impôt soit, autant que possible, un pour tous les contribuables. C'est là un travail d'une exécution facile et prompte, si on le confie dans chaque département aux contrôleurs des contributions directes et aux vérificateurs de l'enregistrement. Du reste l'exécution de l'article 4 de la loi du 3 août 1875 le rend indispensable (1).

Cette proportion, telle qu'elle est déterminée d'après le dernier relevé (2), fait par l'Administration des contributions directes, malgré les écarts qu'elle présente, suffirait pour l'application de notre proposition, en en prenant le chiffre moyen. Une telle base garantirait complétement les intérêts du Trésor public. Nous nous expliquerons bientôt sur ses effets en ce qui concerne les contribuables.

Voici, *par exemple,* comment serait établi le nouveau tarif des droits portant sur les mutations immobilières ; pour en rendre l'exposition plus facile à saisir, admettons que la proportion moyenne existant entre le revenu locatif net et l'impôt foncier soit comme 10 : 100 (3).

Ceci admis, le Tarif des droits serait, *par exemple,* fixé comme suit ; savoir :

---

(1) Loi portant fixation du budget de l'exercice 1876.

(2) Ce rapport, pour les propriétés non-bâties, a été établi à diverses époques, par l'administration des contributions directes. Cette administration possède les éléments nécessaires pour faire un travail semblable relativement aux propriétés bâties. (Documents servant de base à l'assiette de l'impôt mobilier et à celle des patentes.)

Si un nouveau travail d'ensemble était jugé nécessaire, avant d'adopter nos propositions, il serait bientôt fait en le confiant, dans chaque département, aux employés des deux administrations dépositaires de tous les renseignements officiels existants à cet égard : l'administration des contributions directes et celle de l'enregistrement. Ce serait là un travail officiel qui assurerait de la manière la plus efficace l'uniformité dans le mode d'opérer pour arriver au nivellement du contingent ; mais il n'est pas indispensable pour fixer, dès aujourd'hui, le rapport moyen suffisamment exact devant servir de base au tarif des droits de mutation que nous proposons ici.

(3) Cette moyenne est aujourd'hui, pour les immeubles non bâtis de 4,24. — Si nous prenons ici le chiffre 10, c'est pour simplifier les calculs.

TARIF.

L'impôt foncier multiplié par :

Pour les ventes. 18 1/3
Pour les mutations par décès :
Ligne directe.   2
Frères et sœurs, neveux et nièces, oncles et tantes. .   13

Observons ici que les chiffres ci-dessus sont choisis pour n'apporter au tarif actuel ni augmentation, ni diminution.

La loi que nous sollicitons imposerait l'obligation de joindre aux actes portant mutation immobilière, ainsi qu'aux déclarations de successions, l'extrait de la matrice cadastrale concernant l'immeuble transmis, mesure demandée depuis bien longtemps. Ces extraits donneraient en outre le marc le franc de la commune.

Là est toute la base de notre proposition. Bien établie, redisons-le encore, elle rendrait désormais impossible la moindre fraude en cette matière, et par ce seul fait, procurerait au Trésor, suivant les évaluations de l'Administration elle-même, une augmentation de recette de plus de 30,000,000, chiffre de la perte annuelle occasionnée par la fraude.

Or cette base, redisons-le aussi, se résume en deux opérations reposant l'une et l'autre sur des chiffres à déterminer d'après des documents qui sont aux mains des contributions directes, ou de l'enregistrement, savoir :

1° Moyenne du rapport existant entre l'impôt foncier en principal et le revenu locatif net ;

Des terres ;

Des propriétés bâties.

2° Tarif des droits dus, pour chaque nature de mutations immobilières, calculé d'après la base ci-dessus, de manière à n'apporter dans le tarif actuel ni augmentation, ni diminution.

Nous passons maintenant à l'exposition du côté pratique de ce système.

Premier exemple :

Soit la vente d'une ferme, au prix de 100,000 francs.

Aujourd'hui avec l'esprit de fraude d'autant plus général que chacun sait combien sa répression est difficile, le prix porté dans l'acte sera au plus de 80,000 francs. Le droit, suivant le tarif en vigueur étant, en principal, de 5.50 0/0, le Trésor reçoit, au lieu de 5,500 qu'il devrait recevoir, seulement 4,400. — Perte pour le Trésor . . . . 1,100 fr.

Désormais au moyen de l'extrait cadastral remis au receveur, celui-ci déterminerait l'impôt foncier annuel grevant l'immeuble vendu (1), soit, pour l'exemple cité, 300 ; Le revenu des propriétés de l'espèce représentant généralement l'intérêt à 3 0/0 de leur véritable prix d'acquisition.

Le tarif fixant le droit de mutation pour les ventes à prix d'argent, à l'impôt foncier annuel multiplié par 18 ⅓, il serait perçu 5,500.

Deuxième exemple :

Soit cette même ferme échue par succession, et venant d'un frère qui l'exploitait lui-même, ou qui la louait par bail à moitié fruits.

Aujourd'hui, pour la même cause de fraude, cet immeuble, quoique d'un revenu locatif annuel de 3,000 fr. ne serait déclaré que pour un revenu de 2,000, donnant un capital imposé de 50,000 fr. Le droit, d'après le tarif actuel, étant de 6,50 0/0, en principal, le Trésor reçoit, au lieu de 3,900 qu'il devrait recevoir, seulement 3,250 fr. — Perte pour le Trésor. . . . . . 650 fr.

Au moyen de la matrice cadastrale fournie au receveur, celui-ci déterminerait, comme nous l'avons dit ci-dessus, l'impôt foncier annuel, soit donc 300 fr.

Le tarif fixant le droit de mutation par décès entre frères, à l'impôt foncier annuel multiplié par 13, il serait perçu 3,900 fr.

Si la mutation avait pour objet une portion seulement d'une pièce de terre cadastrée, l'acte, ou la déclaration de succession, ferait connaître l'étendue de la portion transmise, et l'étendue totale de la pièce cadastrée. Alors, pour connaître l'impôt afférent à la portion transmise, le receveur aurait à établir la proposition suivante :

L'étendue totale de la pièce cadastrée est à son revenu imposé, comme l'étendue de la pièce transmise est à X ; X = le revenu imposé de la portion transmise ; ce revenu multiplié par le marc le franc en donnerait l'impôt, base de la perception.

Si la mutation avait pour objet, par exception, une pièce de terre ne figurant pas au cadastre, le droit de mutation serait *provisoirement* perçu sur la valeur vénale de l'immeuble transmis, indiquée par les parties ; et la perception *définitive* serait établie dans l'année de l'inscription de cet immeuble à la matrice cadastrale.

N'est-ce pas là un système précis dans sa base, et facile dans son application?

Supposons maintenant une mutation par donation, ou par décès, ayant pour objet une maison.

---

(1) Exemple. Revenu matriciel de l'immeuble vendu. . . 240 fr. »
Marc le franc. . . . . 1 fr. 25
240 × 1,25 = Impôt 300.

D'un côté, le rapport entre l'impôt foncier portant sur les immeubles de l'espèce et leur revenu locatif étant déterminé ; de l'autre, le tarif des droits dus dans ce cas étant fixé en conséquence, ainsi que nous l'avons déjà expliqué, il serait procédé avec la même facilité, que s'il s'agissait d'une propriété non-bâtie.

Si la propriété bâtie objet de la mutation n'était pas cadastrée, le droit de mutation serait perçu, comme nous l'avons déjà dit pour les terres, sur la valeur vénale déclarée par les parties, mais à titre provisoire ; et la perception définitive serait établie dans le cours de la première année de l'inscription de cette propriété sur la matrice cadastrale.

Il est facile d'établir des mesures d'ordre intérieur assurant la régularisation de ces *perceptions provisoires*, qu'il s'agisse d'une pièce de terre ou d'une propriété bâtie ; surtout si, comme nous l'espérons, l'Administration de l'enregistrement et celle des contributions directes sont réunies en une seule.

Contre ce système, nous ne connaissons qu'une seule objection : l'écart de tarif qui résulterait pour certains immeubles dont la classe ou la nature actuelle n'est pas fidèlement reproduite sur la matrice cadastrale.

Examinons les inconvénients résultant de ce fait qui est incontestable ; comparons ces inconvénients avec les avantages que produirait immédiatement l'adoption de la base ici proposée.

Au point de vue du rendement de l'impôt, cette circonstance n'aurait aucun inconvénient puisque, d'un côté, les immeubles dont s'agit figureraient, dans la moyenne à déterminer, pour leur revenu matriciel actuel ; et que, d'un autre côté, le tarif à adopter, pour arriver à un rendement voulu, serait gradué en conséquence. Donc cette circonstance ne peut en rien porter atteinte aux intérêts du Trésor ; mais les vendeurs d'immeubles améliorés depuis la confection du cadastre, seraient incontestablement favorisés, du moins momentanément, jusqu'à ce que la matrice cadastrale soit revisée pour la perception de l'impôt sur le revenu foncier.

Du reste, quelque nombreux que soient ces immeubles, ils n'en font pas moins exception à la masse.

Enfin, considération très-sérieuse, ces vendeurs trouveraient là un avantage correspondant à l'exemption d'impôt accordée aux propriétaires de maisons nouvellement bâties, et ce serait justice. — Les uns comme les autres, en augmentant la valeur de leurs propriétés, augmentent en même temps la fortune publique.

Notons en outre que les écarts qui naîtraient de cette circonstance ue dépasseraient pas, ni en nombre, ni en importance, ceux qui résultent aujourd'hui de la double base du tarif en vigueur (*valeur vénale ou revenu locatif*), laissant de côté la question de fraude.

Trois exemples seulement :

1° Une maison située dans une grande ville, Paris, Bordeaux, Lyon, même le Hâvre, donne un revenu locatif brut représentant l'intérêt de son prix d'acquisition, variant de 6 à 10 pour 100 ; chiffre moyen, 8 pour 100.

Achetée 200,000, son revenu sera de 16,000.

En cas de vente, l'impôt de mutation sera perçu (s'il n'y a pas de fraude !) sur. 200,000

En cas de mutation par décès l'impôt sera perçu sur un capital de 16,000 $\times$ 20 $=$ 320,000

Ecart (plus de moitié). . . 120,000

2° Une ferme donnant un revenu locatif de 16,000, sera vendue généralement. . . . . 500,000 (le revenu locatif des propriétés de l'espèce représentant en moyenne l'intérêt à 3 pour 100 du prix d'acquisition).

S'il n'y a pas de fraude, le droit de vente sera perçu sur ce prix.

En cas de mutation par décès le droit sera perçu sur 16,000 $\times$ 25 $=$ 400,000

Ecart (en moins). 100,000

3° Si cette ferme est située dans l'un des départements où le revenu des propriétés de l'espèce représente l'intérêt à 5 pour 100 de leur prix d'acquisition.

En cas de vente l'impôt sera perçu sur 320,000

En cas de mutation par décès l'impôt sera perçu sur, 16,000 $\times$ 25 $=$. 400,000

Ecart (en plus!) 80,000

Tels sont les écarts énormes que donnent tous les jours les bases aujourd'hui suivies.

Avec notre système, même alors que ces écarts subsisteraient encore, et il est au moins permis d'en douter, AU MOINS LA FRAUDE DISPARAITRAIT-ELLE ENTIÈREMENT.

De plus, de grands avantages naîtraient immédiatement de l'adoption de notre proposition. Citons-en quelques-uns.

Pour l'Administration :

Plus de ces longs et pénibles travaux de surveillance et de contrôle, souvent sans résultat profitable au Trésor, et qui font cependant la préoccupation quotidienne des employés de tous grades.

Plus de ces demandes douteuses, quoique consciencieusement faites, mais qui, abandonnées devant l'opposition du contribuable, déconsidèrent l'Administration dans son personnel et dans son principe.

Plus de transactions, dites Soumissions, dans lesquelles la vérité de fait, comme celle de droit, est toujours sacrifiée.

Plus d'expertises, à la marche lente et si incertaine.

A la place de tous ces abus, disparaissant enfin, on obtiendrait une grande simplification dans le service; la considération de l'Administration grandirait; enfin, dernière conséquence très-importante aussi pour le Trésor public, *le personnel pourrait être diminué.*

Pour le pays tout entier :

Les rapports du contribuable avec le Trésor public seraient simplifiés et moralisés.

Désormais la vérité régnerait dans les contrats, au grand avantage de l'intérêt et de l'harmonie des familles (1).

Balance faite de ces inconvénients et de ces avantages, l'imperfection du cadastre est-elle une objection sérieuse à l'adoption

---

(1) Combien de discordes, de dommages dans les familles prennent leur source dans les habitudes de fraude que notre système détruit, même dans sa raison d'être !

Il se passe à cet égard des faits monstrueux. Dans certains cas, on voit des veuves auxquelles leurs enfants n'accordent, comme reprises de propres vendus, que le prix porté dans les actes, sachant très-bien cependant que le prix était plus élevé.

Dans d'autres cas, trop fréquents aussi, ce sont les veufs qui ne reconnaissent ces reprises que pour le prix porté dans l'acte, et s'adjugent le surplus.

du système que nous venons d'exposer ? Loin de là, cette imperfection, que vous ferez bientôt disparaître, quoi qu'on dise, quoi qu'on fasse, et cela dès que vous le voudrez, est, au contraire, une raison de plus pour adopter cette nouvelle base de l'impôt de mutation. — En effet, la fraude, en cette matière du moins, perdant désormais toute sa raison d'être, la vérité régnerait dans les contrats ; on trouverait dans ces documents tous les éléments nécessaires pour régulariser, d'une manière aussi équitable que sûre, le revenu matriciel, l'impôt sur le revenu foncier et l'impôt sur les mutations immobilières.

Le nouveau tarif, sans l'augmenter par rapport au tarif actuel, portant désormais sur la *valeur imposable totale* des immeubles transmis, et plus seulement *sur une partie comme cela a lieu aujourd'hui, l'autre partie étant dissimulée*, son rendement se trouverait considérablement augmenté au grand profit du Trésor public.

Pensez, Messieurs, qu'il s'agit de gagner 30,000,000 que chaque année la fraude, en cette seule matière, fait perdre au Trésor public — 30,000,000 ! C'est l'évaluation de l'Administration (1).

Vous avez donc là un moyen certain de combler le déficit que la déduction des dettes dans les déclarations de successions occasionnerait au Trésor (2).

Ainsi donc, en ce qui concerne la première objection, le déficit de 20,000,000 affirmé par M. le directeur général, c'est un fait incontestable ; mais ce déficit peut être comblé, et au delà, en adoptant la base que nous proposons de donner à l'impôt portant sur les mutations immobilières, sans augmenter le tarif des droits d'enregistrement, ni celui des droits de mutation par décès.

Cette première objection, parfaitement fondée en elle-même, disparaît donc comme obstacle à la déduction des dettes dans la déclaration de successions.

Ce résultat plaide si fortement en faveur de notre proposition,

---

(1) Nous estimons que ce chiffre peut être porté à plus de 60,000,000, en y comprenant les fraudes annuelles portant sur les mutations mobilières que détruiraient désormais les mesures que nous proposons dans ce but. (V. chap. VI.)

(2) L'administration évalue à 20,000,000 la diminution des recettes qu'occasionnerait la déduction des dettes dans la déclaration de successions, admettons qu'elle soit de 25 et même de 30 millions, elle serait encore couverte par l'adoption de la base que nous proposons de donner aux droits à percevoir sur les mutations immobilières.

qu'il nous paraîtrait suffisant pour la justifier, même alors que les travaux préliminaires qu'elle demande seraient d'une exécution difficile, ce qui n'est pas.

Nous allons examiner la deuxième objection : Les difficultés excessives que présente la mise à exécution de cette mesure.

V.

Mesures propres à réglementer la déduction des dettes dans les déclarations de successions.

Quand on étudie l'ancienne législation qui régissait les droits de Contrôle et ceux de Centième denier avant 1789, (Enregistrement et mutations par décès) si on la compare à la législation présente sur ces mêmes matières, l'esprit est frappé par deux faits très remarquables et qui témoignent hautement en faveur de la première (1) :

1° Base d'impôt mieux définie.

2° Mode d'application plus complet et plus efficace.

Pour justifier cette opinion, une longue excursion dans le domaine du passé n'est pas nécessaire, il suffit seulement de citer quelques exemples.

En ce qui concerne la base :

1° Beaucoup de droits fixes de Contrôle étaient sagement gradués. Ils ne devenaient jamais de véritables droits proportionnels, souvent exagérés, comme cela arrive depuis la loi du 22 février 1872, qui a rétabli des droits *dits* gradués (2).

---

(1) En tenant compte, bien entendu, de l'organisation sociale d'alors, et de celle d'aujourd'hui.

(2) Un seul exemple. — Les droits de contrôle sur les contrats de mariage étaient ainsi gradués :

Pour les contrats de personnes constituées en dignité, gentilshommes

2° Beaucoup de droits proportionnels étaient progressifs, **et** par ce moyen protégeaient l'industrie agricole, la première de toutes nos industries nationales.

3° Pour le droit de Centième denier, les successions en ligne directe n'y étaient pas soumises ; en ce qui concerne les autres, le principe de la déduction des dettes était appliqué. Ce qui protégeait la famille dans son groupe principal, et consacrait ce grand principe d'équité dont nous demandons ici le rétablissement.

Pour ce qui regarde le mode d'exécution :

1° Tout l'actif de la succession, mobilier et immobilier, était affecté au paiement de l'impôt. Aujourd'hui, le privilége du Trésor public est réduit au revenu des biens de la succession. *En quelques mains que ces biens se trouvent,* dit la loi ; *mais que de brèches la jurisprudence n'a-t-elle pas faites à ce principe si clairement précisé !*

2° Les héritiers étaient tenus de communiquer les titres de propriété, les baux courants, et autres actes pouvant justifier de la valeur des biens déclarés.

Si, par exception, ces titres faisaient défaut, le déclarant devait affirmer qu'il n'en avait pas. Une pénalité de cent livres punissait les fausses déclarations à cet égard.

3° Pour prévenir la dissimulation dans les actes portant transmission à titre onéreux, l'ancienne législation accordait à l'État deux actions : le retrait, la rescision. Ce qui constituait au profit

---

qualifiés ou ceux qui possédaient des terres ayant haute et basse justice.
. . . . 50 liv.
Ceux des simples gentilshommes, premiers officiers et bourgeois vivant de leurs revenus. . . . . 30 liv.
Ceux des officiers de judicature seigneuriale, avocats, notaires, apothicaires, peintres, marchands et notables artisans. 20 liv.
Ceux des manouvriers, journaliers et autres personnes du commun des villes. . . . . 3 liv.
Ceux des simples manouvriers, journaliers et autres personnes du commun des campagnes . . . . 10 sols.

Maximum. . + . 50 liv.
Minimum. . . . 10 sols.

Et aujourd'hui !... avec un apport de 100,000 fr. pour les deux futurs, il sera payé pour droit *fixe,* à raison de un pour mille, 100 francs : le double de ce que payaient les comtes, les marquis et les ducs ; cinq fois plus que ce que payaient les bourgeois ayant pignon sur rue. Enfin pour le simple prolétaire, il paie aujourd'hui un droit de cinq francs, c'est-à-dire dix fois plus que ce que payaient ses pairs.

du Trésor une sorte de droit de préemption d'un effet très-puissant, etc., etc.

Nous ne pousserons pas plus loin notre revue rétrospective, les quelques dispositions que nous venons de rappeler suffisent, croyons-nous, pour justifier notre appréciation.

Comme nous estimons qu'une loi d'impôt est défectueuse alors qu'elle n'édicte que des pénalités très-sévères pour assurer son exécution, sans prescrire en même temps des mesures réglementaires sérieuses, nous nous placerons à ce point de vue dans les propositions qui vont suivre.

Si payer l'impôt est un des premiers devoirs du citoyen, l'un des premiers devoirs du gouvernement est de donner à l'impôt une base aussi juste que sûre.

Nous voici arrivé à l'examen des difficultés *excessives* qui ont fait rejeter en 1864 la proposition, déjà faite depuis longtemps alors, de la déduction des dettes dans les déclarations de successions. Difficultés qui n'ont pu être surmontées depuis douze ans.

Devons-nous entrer dans de longues démonstrations pour établir que cette mesure, si juste, peut être adoptée sans difficultés véritablement sérieuses ; c'est-à-dire sans difficultés pouvant préjudicier aux intérêts du Trésor public, *à raison des fraudes possibles* ; pouvant imposer aux contribuables des formalités *difficiles* ou *coûteuses* ? Nous avons l'espérance d'arriver à cette démonstration en indiquant simplement :

Les dettes dont la déduction pourrait être admise ;

Les conditions à observer pour l'admission de cette déduction, non *pour empêcher la fraude d'une manière absolue, ce qui n'est possible à aucun législateur*, mais pour en circonscrire fortement l'action.

Le passif des successions serait déduit dans les circonstances ci-après déterminées, savoir :

1° Le passif résultant de titres enregistrés et non échus au moment du décès du débiteur, à la condition d'indiquer la date de l'enregistrement du titre, si cette formalité a été donnée au bureau de l'enregistrement où doit être faite la déclaration de la succession ; ou de produire un extrait de cet enregistrement, si la déclaration de la succession doit être faite à un bureau autre que celui où le titre a été enregistré.

Cet extrait serait délivré par les Receveurs, sur papier libre, et moyennant le salaire de 0,50 si la date de l'enregistrement leur était indiquée par le réquérant ; plus le droit de recherche, à défaut de cette indication.

2° Le passif de même nature, échu avant le décès du débiteur mais non payé alors, à la condition de faire les mêmes justifications et en outre d'affirmer le non remboursement de la dette avant le décès.

3° Pour les commerçants et les industriels, le passif constaté, au jour de leur décès, par leurs livres de commerce, si ces livres étaient régulièrement tenus.

Si après leur décès, les scellés n'étaient pas apposées, les livres seraient arrêtés dans les 24 heures de cet événement, par les soins du juge de paix du canton. — Il serait dressé de cette opération un Procès-verbal, soumis à la formalité de l'enregistrement dans le délai légal ; en cas d'apposition de scellés il ne serait dressé qu'un procès-verbal de ces deux opérations.

Un relevé de l'actif et du passif serait déposé aux mains du receveur à l'appui de la déclaration de la succession, il serait certifié conforme aux livres et énoncerait, pour chaque article, les nom, prénoms, profession et domicile du créancier ou du débiteur, la cause et le chiffre de la créance.

4° Ces relevés pourraient être vérifiés, au vu des livres, par les employés supérieurs de l'Administration de l'enregistrement, sans déplacement (1).

5° Les dettes privilégiées en vertu de l'article 2,101 du code civil, existant au jour du décès, à condition d'en produire la quittance enregistrée.

6° Dans le cas ou le créancier se trouverait être l'un des ayant droit, le titre de la créance serait produit, avec affirmation par les co-héritiers que le défunt ne s'était pas libéré.

7° Le passif, non garanti par une affectation hypothécaire inscrite, ne pourrait jamais être déduit de l'actif immobilier.

8° En dehors des cas ci-dessus prévus et des conditions ci-dessus déterminées, il ne serait admis aucune déduction de dettes.

---

(1) Les articles 8 à 17 du code de commerce seraient rendus obligatoires à tout contribuable exerçant une profession libérale garantie par la collation d'un grade universitaire, et les dispositions qui font l'objet du n° 3, ci-dessus, leur seraient applicables?

9° Les déclarations passives, faites dans tous les cas ci-dessus prévus, feraient titre obligatoire en faveur du créancier déclaré.

10° Les fausses déclarations, ainsi que les refus de communication des livres de commerce, seraient punis d'une amende de 1,000 fr., en outre des doubles droits pouvant résulter de cette fraude comme *omission*, ou *insuffisance* dans l'actif soumis à l'impôt.

11° Ces amendes et la pénalité du double droit seraient dues solidairement tant par les contrevenants que par leurs représentants, et se prescriraient seulement par trente ans, comme action civile.

12° Remise ou modération de ces amendes et droit en sus pourraient être accordées par le Directeur général de l'enregistrement et des domaines, statuant en *Conseil d'administration*.

Nous n'avons pas la prétention de dire que telles sont les seules dispositions à prendre pour prévenir toute fraude. Il est permis de penser cependant que l'adoption de la déduction des dettes dans les déclarations de succession, donnant pleine satisfaction aux justes réclamations qui depuis si longtemps s'élèvent à cet égard, serait, par elle-même, d'un puissant effet pour ramener beaucoup de contribuables au respect de la loi d'impôt. — D'un autre côté, les mesures préventives que nous venons d'indiquer, et les pénalités imposées aux fraudeurs *étant désormais dues solidairement par eux et leurs représentants*, avec *une prescription de trente ans*, seraient certainement des considérations de nature à arrêter beaucoup de contribuables dans cette triste voie de la fraude.

Nous terminerons, en signalant à votre attention un fait qui a bien sa portée, surtout pour ceux qui espèrent voir bientôt adopter l'Impôt sur le revenu. — L'administration trouverait dans l'énonciation du passif à déduire, de précieux documents à consulter pour assurer le recouvrement régulier de cet Impôt, si juste lui aussi et cependant toujours ajourné.

Le principe de la déduction des dettes est juste, l'impôt sur le revenu est juste, chacun le proclame. Or, reconnaître un principe juste et en repousser l'application, c'est faire acte d'injustice, ou aveu d'impuissance.

Vous ne voudrez pas, Messieurs, laisser notre Pays plus longtemps placé dans cette alternative.

VI.

Moyens propres à mieux assurer le recouvrement de l'impôt portant sur les mutations en général.

Il est encore quelques mesures, d'une pratique facile, qui pourraient être prises pour assurer davantage le recouvrement de l'impôt sur les mutations par décès. Nous nons bornerons, pour le moment, à vous signaler les suivantes, que nous avons déjà eu l'honneur de soumettre à votre examen en 1874.

Réprimer la fraude en matière d'impôt, par des pénalités plus ou moins fortes, est une nécessité sans doute; mais l'expérience des choses et des hommes prouve, chaque jour, combien cette répression manque son but, combien même elle contribue, quand son impuissance est trop grande, à démoraliser le contribuable; mieux vaut donc chercher à prévenir la fraude, qu'à la réprimer soit par le nombre, soit par la force des pénalités.

Pour mieux assurer le recouvrement du droit de mutation par décès, qui nous occupe plus spécialement ici, surtout en matière de valeurs mobilières, les dispositions ci-après ne pourraient que produire un très-heureux effet dans l'intérêt du Trésor.

1° Les compagnies, montées par actions, devraient être tenues de n'opérer aucun transfert, aucune conversion de leurs titres provenant d'une succession, sans justification préalable, par les ayants droit, du paiement de l'impôt de mutation par décès, *sous peine, pour elles, d'en être responsables envers le Trésor.*

Aujourd'hui, en pareil cas, les compagnies font simplement payer le droit de transfert ou de conversion, l'un et l'autre fixés à » 50 p. %. Et le droit de mutation par décès variant de 1,25 à 11,25 p. % est souvent perdu lorsque les héritiers sont des étrangers, lorsque les héritiers, bien que français, ne possèdent rien par eux-mêmes.

Cette justification serait exigée aussi lorsque ces conversions et ces transferts seraient demandés avant les délais fixés, par l'article 24 de la loi du 22 frimaire an VII, pour faire la déclaration de la succession. Mais, dans ce cas, les héritiers et autres ayants droit auraient la faculté de faire des déclarations partielles, ne comprenant que les valeurs dont il s'agit.

(C'est, du reste, ce qui se fait dans la pratique, bien que la loi se taise à cet égard.)

Sous la même peine, semblable justification serait exigée avant paiement à des héritiers, savoir : Par la Caisse des dépôts et consignations, les Caisses d'épargne, les Caisses communales. Les administrateurs-ordonnateurs des établissements publics et des établissements déclarés d'utilité publique, les officiers publics et ministériels ayant procédé à la vente de valeurs mobilières ou immobilières dépendant d'une succession, alors qu'ils restent chargés d'en recouvrer le prix. Par les acquéreurs des dites valeurs, lorsque le prix doit être remis par eux directement aux vendeurs, ou à leurs ayants droit (1).

Cette justification serait faite (ainsi que cela se pratique aujourd'hui pour les transferts de rentes sur l'Etat) au moyen d'un certificat de paiement délivré sans frais par le receveur chargé de recevoir la déclaration de la succession.

Par cette simple mesure préventive dictée dans l'intérêt général, non-seulement on empêcherait mieux la fraude, aujourd'hui si grande, en matière de *mutations mobilières* par décès, au double point de vue des *insuffisances* et des *omissions*, mais aussi en matière de *mutations immobilières* au point de vue des *omissions*. Enfin on éviterait ainsi à des citoyens de bonne foi, peu au courant de leurs obligations comme contribuables, ces demandes tardives de doubles droits qui viennent les frapper alors que les sommes par eux touchées, comme héritiers, sont dépensées. Que de fois, en pareil cas, ces droits, très-légalement dus, restent irrécouvrables !

Les contribuables honnêtes mais peu aisés, et le Trésor public, trouveraient également leur avantage dans l'adoption de ces mesures.

Ayons peu d'impôts, mais assurons leur recouvrement par des mesures législatives propres à prévenir la fraude. Nous tire-

---

(1) En matière d'impôt, comme en matière de police, la prévention est préférable à la répression. Aussi nous ne voyons pas pourquoi tout débiteur envers une succession ne serait pas tenu à la même obligation, et sous la même peine. C'est là de l'hygiène sociale sans ombre d'injustice et sans inquisition. Les acquéreurs d'immeubles sont bien tenus de purger les hypothèques, pourquoi les acquéreurs de biens provenant de succession ne seraient-ils pas tenus de s'assurer que les droits de mutation par décès dus au trésor public ont été soldés : La loi qui garantit les intérêts des tiers, est impuissante quand il s'agit de garantir les intérêts du trésor public, cela doit cesser !

rions d'une telle situation, dont nous sommes bien loin! un double avantage :

Un respect plus grand de la loi.

Une grande diminution dans les frais de perception.

Pour augmenter encore les produits des droits de mutation, et diminuer en même temps les frais de perception, il est aussi d'autres mesures à prendre; en présenter ici le développement, serait donner à notre Mémoire trop d'étendue, nous allons seulement énumérer les principales :

1° Réunion de l'administration des contributions directes, à celle de l'enregistrement.

2° Remise à l'administration des contributions indirectes de la vente des timbres mobiles et des papiers timbrés.

3° Passage des employés de tous grades de l'administration centrale du ministère des finances, dans le service actif, *et vice versa*.

4° Suppression du surnumérariat; son remplacement soit par des concours, soit par des examens.

5° Suppression des commis laissés au choix et à la charge des receveurs et des directeurs; leur remplacement par des contrôleurs ou des commis d'ordre et de comptabilité, suivant le service.

6° Simplification de l'enregistrement des actes; remplacement de la forme actuelle, par la seule mention, sur un registre arrêté jour par jour et établi dans le genre de celui tenu par les conservateurs des hypothèques, du dépôt d'une double minute de l'acte à formaliser. La double minute des actes translatifs ou attributifs d'immeubles serait déposée à la Conservation des hypothèques, pour y être enregistrée dans cette forme; et ce dépôt produirait en même temps les effets de la *transcription* et ceux de l'*enregistrement*.

7° Refonte du Répertoire général tenu dans chaque bureau d'enregistrement. Les documents divers qui y figurent aujourd'hui par ordre chronologique, seraient divisés en quatre parties :

Actif mobilier.

Actif immobilier.

Passif.

Renseignement divers, n'entrant pas dans les trois premières parties.

Il deviendrait le Compte-ouvert des contribuables.

Organisation du personnel administratif donnant à chaque

classe d'employés des attributions en rapport avec l'éducation et l'instruction que les réglements exigent d'eux. C'est là un principe élémentaire, son application cependant nous fait souvent défaut (1).

Telles sont, Messieurs, les mesures législatives que nous prenons la liberté de soumettre à votre examen. Nous les regardons comme propres à assurer : le recouvrement total des droits portant sur les mutations immobilières par décès; — le recouvrement beaucoup plus complet des droits portant sur les mutations mobilières de même nature. — En les adoptant vous aurez la satisfaction d'augmenter de plus de 60,000,000 les recettes de l'Etat, sans augmenter les tarifs existant, sans créer des droits nouveaux.

---

(1) Nous pourrions citer des services où l'on trouve des employés comptant dix ans d'exercices, licenciés en droit, chargés de travaux que de simples garçons de bureau feraient mieux qu'eux.

NOMS DES DÉPARTEMENTS	Proportion	NOMS DES DÉPARTEMENTS	Proportion
Ain	3 26	Lot	5 47
Aisne	3 75	Lot-et-Garonne	4 64
Allier	3 53	Lozère	6 09
Alpes (Basses-)	3 27	Maine-et-Loire	4 44
Alpes (Hautes)	5 54	Manche	5 64
Alpes-Maritimes	» »	Marne	3 62
Ardèche	3 30	Marne (Haute-)	4 74
Ardennes	3 70	Mayenne	4 15
Ariége	3 55	Meurthe	» »
Aube	4 46	Meurthe-et-Moselle	4 27
Aude	5 62	Meuse	4 60
Aveyron	4 90	Morbihan	6 06
Bouches-du-Rhône	3 36	Moselle	» »
Calvados	5 26	Nièvre	3 50
Cantal	5 90	Nord	3 55
Charente	4 58	Oise	4 78
Charente-Inférieure	4 72	Orne	5 43
Cher	3 20	Pas-de-Calais	3 56
Corrèze	5 20	Puy-de-Dôme	4 78
Corse	» »	Pyrénées (Basses-)	2 83
Côte-d'Or	5 43	Pyrénées (Hautes-)	2 82
Côtes-du-Nord	4 20	Pyrénées-Orientales	4 06
Creuse	4 78	Rhin (Bas-)	» »
Dordogne	5 33	Rhin (Haut-)	» »
Doubs	4 19	Rhône	3 73
Drôme	4 »	Saône (Haute-) (1)	4 29
Eure	5 85	Saône-et-Loire	4 53
Eure-et-Loir	4 79	Sarthe	5 03
Finistère	4 58	Savoie	» »
Gard	4 18	Savoie (Haute-)	» »
Garonne (Haute-)	4 60	Seine	3 05
Gers	5 79	Seine-Inférieure	5 29
Gironde	3 74	Seine-et-Marne	5 18
Hérault	4 29	Seine-et-Oise	4 13
Ille-et-Vilaine	4 38	Sèvres (Deux-)	4 55
Indre	4 84	Somme	4 76
Indre-et-Loire	4 51	Tarn	5 32
Isère	4 49	Tarn-et-Garonne	6 51
Jura	4 61	Var	3 36
Landes	4 34	Vaucluse	3 25
Loir-et-Cher	4 65	Vendée	3 92
Loire	4 13	Vienne	4 04
Loire (Haute-)	4 32	Vienne (Haute-)	4 07
Loire-Inférieure	3 59	Vosges	3 38
Loiret	4 88	Yonne	3 90

*Chiffre moyen : **4 24**.*

(1) Le territoire de Belfort a été rattaché au département de la Haute-Saône.
Quand on le demandera, l'Administration des Contributions directes est à même de faire compléter ce travail. — Elle est à même aussi de dresser un état exclusivement relatif aux propriétés bâties, au moyen des documents qu'elle possède pour l'assiette de la contribution mobilière et celle de l'impôt des patentes.

TABLEAU du mouvement des revenus fonciers de la France et des rapports de l'impôt avec le revenu, d'après les documents officiels.

ÉPOQUES	MONTANT du revenu net	CONTINGENT en principal	RAPPORT de l'impôt avec le revenu	OBSERVATION
1791	1.440.000.000	240.000.000	16 66 %	Dans ce travail ne figurent point les départements de la Corse, de la Savoie, des Alpes-Maritimes, dont le cadastre n'est pas terminé. — N'y figurent pas non plus les départements enlevés à la France par la guerre de 1871.
1821	1.530.597.000	154.678.130	9 78	
1351	2 540.043.000	155.064.386	6 06	
1861	3.096.102.000	159.492.663	5 15	
1874	3.959.165.000	167.969.028	4 25	

N. B.

Le chiffre contingent pour 1874, (167,969,028) est au-dessous de celui de 1849 fixé à 168,127,716, et cependant à cette dernière époque le revenu imposé était de 1,580,000,000.

Depuis lors ce reveuu a triplé, et l'impôt qui le frappe directement, a diminué! Mais il est juste de dire que cette diminution est, en définitive, plus apparente que réelle, car depuis lors le sol a été indirectement frappé par maints et maints impôts indirects, *dont la perception est moins facile et plus coûteuse que celle de l'impôt direct.*

TABLE DES MATIÈRES

PARIS. — IMP. VICTOR GOUPY, RUE DE RENNES, 71.

www.ingramcontent.com/pod-product-compliance
Lightning Source LLC
LaVergne TN
LVHW050111060726
842524LV00003B/1050